Ruah

Texto fixado conforme as regras do Acordo Ortográfico da Língua Portuguesa (Decreto Legislativo nº 54, de 1995).

Consultor editorial: Claudio Fragata
Diagramação: Gisele Baptista de Oliveira
Capa: Renata Zucchini Reschiliani
Fotografia: Boccato Books
Fotógrafo: Cristiano Lopes
Tratamento de imagem: Arturo Kleque Gomes Neto
Assessoria médica e de nutrição: Oraculum Inteligência em Nutrição e Saúde
Assessor científico: Dr. Daniel Magnoni (cardiologista e nutrólogo)

CIP-BRASIL. CATALOGAÇÃO-NA-FONTE
SINDICATO NACIONAL DOS EDITORES DE LIVROS, RJ

Rossi, Marcelo Mendonça, 1967-
R741r Ruah : quebrando os paradigmas de que gordura é saúde e magreza é doença / [Padre Marcelo Rossi]. - 1. ed. - São Paulo : Principium, 2015.
96 p. : il. ; 21 cm.

Inclui bibliografia
ISBN 978-85-250-6180-5

1. Nutrição. 2. Saúde - Aspectos nutricionais. 3. Hábitos alimentares. 4. Saúde - Aspectos religiosos. 5. Religião e ciência. 6. Qualidade de vida. I. Título.

CDD: 613.2
15-28003 CDU: 613.2

1ª edição, 2015 - 7ª reimpressão, 2016

Editora Globo S.A.
Av. Nove de Julho, 5229
01407-907 — São Paulo — SP
www.globolivros.com.br

Ruah

Quebrando os paradigmas de que gordura é saúde e magreza é doença

Padre Marcelo Rossi

principium

Agradecimentos

Nesta reimpressão, gostaria de lembrar algumas pessoas fundamentais para a realização deste sonho que é RUAH. Não posso deixar de agradecer primeiro a Deus, que me iluminou. Fui tocado por Ele e senti a necessidade de escrever este livro. No momento em que isso aconteceu, Chicão estava ao meu lado no avião. Logo chamei Sara Ghandour, da Globo Livros, que viajava conosco, e disse: "Vamos escrever um livro?". Para minha surpresa, ela respondeu: "Vamos!". Sentamos, começamos a anotar as primeiras palavras e vimos surgir um abençoado trabalho. Foram surgindo ideias de como ajudar as pessoas, não só no plano espiritual, mas também na criação de hábitos saudáveis, a partir de minha própria experiência, do modo como emagreci e do acompanhamento médico e nutricional que tive. Quando o avião pousou, liguei para Mauro Palermo, diretor da Globo Livros, que aprovou o projeto. Graças a Deus, a primeira impressão de RUAH se esgotou e eu pude aproveitar esta nova tiragem para fazer esse relato. Escrevo essas palavras de agradecimento também de dentro de um avião, onde estou com Sara no dia da festa do apóstolo Santo André e um dia antes de completar 21 anos como padre.

Sumário

Oremos

Jesus, eu te peço a graça de ser profundamente tocado por este livro que agora lerei.

Que eu entenda que, a Teus olhos, emagrecer nada tem a ver com vaidade.

Preciso perder peso porque sou o templo do Espírito Santo e tenho que cuidar do meu corpo para melhor abrigá-Lo.

Que eu entenda que a melhor maneira de iluminar meu corpo com o RUAH *divino é me alimentando com a sabedoria de uma dieta equilibrada.*

Que ao me alimentar com os verdadeiros nutrientes que a natureza oferece, eu tenha a consciência de que terei uma vida saudável de acordo com Tua vontade.

Dê-me a graça do ânimo para que eu pratique algum esporte ou faça exercícios e caminhadas que me ajudem a manter a forma e a saúde.

Retira de mim toda a compulsão e, no lugar dela, que eu use a inteligência e o bom senso na hora de comer, escolhendo apenas o que for bom e saudável.

Que eu saiba mastigar e saborear os alimentos, consciente de que tudo o que entrar pela minha boca será para me fortalecer.

Eu quero chegar ao meu peso ideal para curar minha autoestima, restaurar minha autoimagem e assim levar uma vida com mais segurança e alegria.

Obrigado, Jesus, pela força de vontade que Tua imensa benevolência irá me dar para que eu consiga emagrecer e manter o peso.

Tudo isso eu entrego nas mãos maternais de Maria, que intercederá por mim para que eu seja fiel e cumpra o propósito de alcançar uma vida mais saudável e feliz.

Amém.

Meu testemunho

Em 2013, cheguei a pesar 129 quilos. Não era só gordura. Eu também me sentia inchado. Depois descobri a causa: efeito colateral de anti-inflamatórios e analgésicos que eu tomava desde 2010 para combater uma forte e persistente dor lombar. Tudo dói quando descuidamos de nosso corpo e ficamos acima do peso.

Como muitos dos meus amados sabem, sou formado em Educação Física. Durante um tempo, antes de seguir minha vocação religiosa, dei aulas de estética feminina, durante as quais, em parceria com uma nutricionista, eu ajudava as alunas a alcançarem a medida certa por meio de exercícios.

Meu grande erro, quando eu mesmo me vi no limite da obesidade, foi não me lembrar da importância do acompanhamento de um nutricionista na hora de iniciar um regime alimentar. Com pressa de emagrecer, adotei por minha conta e risco uma dieta totalmente maluca, à base de proteína e verdura, mas que se resumiu em porções diárias de alface e hambúrguer *light* de peru.

Claro que emagreci. Qualquer um emagrece quando passa fome. Cheguei a pesar 65 quilos. As dores cessaram, parei com os anti-inflamatórios. Mas eu estava desnutrido e já a um passo da linha que me separava da anorexia, doença sobre a qual falarei mais adiante neste livro. Como acontece com os anoréxicos, eu me olhava no espelho e continuava me achando obeso, mesmo vendo um esqueleto refletido em minha frente.

Só me dei conta da gravidade do meu estado depois que várias pessoas da minha intimidade e também centenas de amados fiéis, assustados com minha aparência, insistiram para que eu procurasse ajuda médica.

Hoje, obedecendo ao tratamento estabelecido por um endocrinologista e acompanhado por um nutricionista, vou aos poucos chegando ao meu peso ideal, mas, para honra e glória de Jesus, já estou livre de anti-inflamatórios, analgésicos e dietas suicidas.

Logo que voltei a ganhar peso, fiz fisioterapia de Reeducação Postural Global (RPG) para melhorar um pouco minha postura. Atualmente, eu me levanto bem cedo e caminho, todos os dias, de 10 a 15 quilômetros, que é o tempo certo de rezar meu rosário e algumas orações devocionais.

A cada dia ganho mais qualidade de vida e por isso resolvi dividir com meus amados tudo o que aprendi sobre alimentação saudável. Quero anunciar a benção que é se nutrir com alimentos naturais e queimar as calorias desnecessárias com exercícios, sobre os quais também falarei mais adiante. Quero divulgar a graça que foi me livrar do sal em excesso e do perigo de vir a ter um Acidente Vascular Cerebral (AVC), mais conhecido como derrame cerebral, já que tenho esse histórico familiar.

Por fim, quero lembrar que todos os problemas que tive com minha saúde e meu corpo aconteceram durante o período que mergulhei fundo no poço da depressão. Portanto, minha reeducação alimentar tem a ver com superação, que eu prefiro chamar de minha libertação.

Quero mostrar que é possível emagrecer sem remédio, desde que se adote uma alimentação equilibrada e nutritiva. Quero revelar tudo o que aprendi em diversas conversas com especialistas da área de nutrição e saúde. É o que dividirei com você nas próximas páginas.

Espero assim ajudar muitas pessoas que desejam emagrecer e não encontram a força de vontade necessária para isso. Se eu consegui, você também conseguirá.

Com a benção de Nosso Senhor Jesus Cristo.
PADRE MARCELO ROSSI

רוּחַ

RUAH: em hebraico, vento,
espírito, alento, hálito
divino, sopro de vida.

Introdução

RUAH é uma palavra hebraica, que significa vento, espírito, alento, hálito divino, sopro de vida.

Foi conversando com um judeu cristão, tempos atrás, que descobri o profundo significado dessa pequena palavra. Quando unida a outras palavras hebraicas, seu sentido torna-se ainda mais amplo.

Ele me contou que nas antigas Escrituras aparece a expressão RUAH ELOHIM, que significa "vento criador de Deus".

Contou-me ainda que logo no início do Gênesis, o primeiro livro do Antigo Testamento, encontra-se a expressão RUAH IAHVÉ, que pode ser traduzida como "sopro da vida". Foi com ele que o Criador animou o primeiro homem sobre a Terra: "**7** O Senhor Deus formou, pois, o homem do barro da terra, e inspirou-lhe nas narinas o sopro da vida e o homem se tornou um ser vivente" **(Gn 2,7)**.

RUAH também é usada no Novo Testamento, no Evangelho Segundo São João, quando Jesus ressuscitado aparece no Cenáculo, onde os apóstolos estão reunidos: "**21** Disse-lhes outra vez: 'A paz esteja convosco! Como o Pai me enviou, assim também eu vos envio a vós'. **22** Depois dessas palavras, soprou sobre eles dizendo-lhes: 'Recebei o Espírito Santo'" **(Jo 20,21-22)**.

Desde que aprendi tudo isso, a palavra RUAH passou a ressoar em meus pensamentos na hora de minhas orações. Foi como se eu tomasse consciência de que dentro do meu corpo, e do corpo de toda a humanidade, vibrasse o sopro divino.

Sim, o sopro divino habita dentro de todos nós.

Isso me fez lembrar as palavras da Teologia do Corpo, do Papa João Paulo II: "O corpo, de fato, e só ele, é capaz de tornar visível o que é invisível: o espiritual e o divino. Ele foi criado para transferir para a realidade visível do mundo o mistério oculto desde tempos imemoriais em Deus e, assim, ser um sinal d'Ele".

Entendi, por fim, que nosso corpo é o sinal físico que torna visível o invisível mistério de Deus. Nosso corpo torna visível o mistério invisível do Espírito Santo.

Deus nos habita e por isso precisamos cuidar de Sua casa enquanto não chega o dia de permanecer eternamente a Seu lado.

Na Primeira Carta aos Coríntios, Paulo pergunta: "**16** Não sabeis que sois o Templo de Deus, e que o Espírito de Deus habita em vós? **17** Se alguém destruir o Templo de Deus, Deus o destruirá. Porque o templo de Deus é sagrado — e isso sois vós" **(1Co 3,16-17)**.

Nosso corpo é sagrado. Quantas vezes você se lembra disso? Você se lembra disso quando se olha no espelho?

Nós fomos criados a imagem e semelhança de Deus. Somos criaturas Dele. Deus colocou em nós o fôlego da vida. Fomos criados para ser Sua habitação. Ele mora dentro de nós. Nosso corpo deve refletir a santidade do Senhor. Precisamos cuidar de nosso corpo com zelo para que ele seja o Templo de Deus.

Emagrecer para chegarmos ao peso ideal não é somente uma questão de estética. É qualidade de vida. Quando estamos acima do peso ou ultrapassamos a linha da obesidade, nossa pressão aumenta, os problemas cardíacos surgem, a baixa autoestima nos leva à casa da depressão, onde não há luz e não vemos saídas.

Você pode mudar isso.

Deus quer que você se cuide e se ame. Respeite seu corpo. Ele não foi feito para as bebidas alcoólicas ou para as drogas. Seu corpo foi criado para ser um local santo, onde Deus habita.

Esse foi o ponto de partida deste livro. Por isso escolhi a palavra RUAH para seu título. RUAH, o sopro divino que nos alimenta. RUAH, a força criadora e criativa que gera saúde, força, beleza e sabedoria.

Este livro tem a intenção de ajudar você a perceber que Deus também se preocupa com o seu corpo. Este seu corpo que é o templo do Espírito Santo. Estou certo de que Ele permitirá que você modifique seus hábitos alimentares. Cuidar da própria saúde e valorizar o seu corpo é estar em sintonia com o amor de Deus.

Espero que este livro seja o caminho que levará você a uma vida mais saudável. Sua autoestima vai melhorar em consequência disso. A verdadeira autoestima vem de um corpo com saúde, não de um corpo esculpido pela vaidade.

Deus lhe abençoe nesta leitura e que o Espírito Santo sopre sobre você o sopro da mudança.

Com a minha benção sacerdotal,
PADRE MARCELO ROSSI

1
Obesidade e emagrecimento

19 *Ou não sabeis que o vosso corpo é templo do Espírito Santo, que habita em vós, o qual recebestes de Deus e que, por isso mesmo, já não vos pertenceis?* **20** *Porque fostes comprados por um grande preço. Glorificai, pois, a Deus no vosso corpo.* **(1Co 6,19-20)**

Nos últimos anos, sofri o famoso "efeito sanfona": emagreci, engordei, voltei a emagrecer. A causa foi um longo processo de depressão, durante o qual ganhei e perdi muito peso. As pessoas estranharam mais a minha magreza do que a minha obesidade. Cheguei a pesar 129 quilos, estava inchado por causa de um tratamento com anti-inflamatórios e muito longe do peso ideal, mas todos preferiam me ver assim a me ver magro. Chegavam até a dizer que "cheinho" eu parecia mais saudável.

Para muita gente, a gordura ainda é vista como sinal de saúde. Hoje, completamente curado, graças à soberana vontade de Deus, posso garantir por experiência própria: não se enganem com isso. Buscar o peso ideal é a melhor maneira de encontrar uma vida mais saudável e feliz. Quando conseguimos controlá-lo, a hipertensão, o diabetes, a artrite e várias outras doenças ficam sob controle ou nem chegam a se instalar.

Quando decidi me cuidar, fui pesquisar sobre o assunto. A primeira coisa que descobri é que não estava sozinho. A obesidade é um grave problema de saúde no Brasil. Cerca de 82 milhões de pessoas estão acima do peso ou sofrem desse mal. Isso corresponde a quase metade dos habitantes do país!

O que é obesidade?

Posso dizer que me informar foi o principal passo que dei no combate à obesidade. Aprendi que nossas atividades diárias e a nossa saúde dependem da qualidade e quantidade dos alimentos que consumimos ao longo do dia. É quase uma questão de matemática: se a gente consome mais energia do que gasta, o resultado é o acúmulo de gordura. Simples assim. Vários fatores contribuem para isso, mas os principais deles são o mau hábito alimentar e a falta de atividade física.

As prateleiras dos supermercados estão cheias de alimentos industrializados e ultraprocessados*, como bolos,

* Alimentos ultraprocessados: são alimentos produzidos pela indústria, que se consumidos em excesso aumentam a ingestão de açúcar e gorduras, desequilibrando a dieta. Exemplos: biscoito recheado, macarrão instantâneo, alimentos congelados, guloseimas, salgadinhos, refrigerantes, entre outros.

biscoitos recheados, salgadinhos, sorvetes, salsichas, margarinas e produtos congelados. A gente se acostumou a achar que eles facilitam nossa vida porque estão prontos para ser consumidos, mas pagamos com nossa saúde por essa "facilidade". Alimentos desse tipo apresentam altos níveis de sal, açúcar e gorduras, o que contribui para o sobrepeso e a obesidade, além de desequilibrar o funcionamento de nosso organismo. Nada substitui os alimentos *in natura*, como frutas, verduras, legumes, cereais, castanhas e nozes. Já ouviu dizer que quanto mais perto da natureza, mais saudável é a comida? Pois acredito nisso também.

Se não bastassem os alimentos processados, a vida moderna nos leva a comer rápido demais, sem mastigar direito e sem saborear a comida. Adquirimos o péssimo hábito de almoçar e jantar em frente ao computador ou à televisão. Com isso, nos alimentamos muito além do que precisamos pelo simples fato de não prestar atenção ao que comemos.

Hoje minhas refeições são sagradas. Além de me alimentar de forma variada e o mais natural possível, como devagar, saboreando cada garfada. E quando estou na companhia de mais pessoas, aproveito para fazer do almoço ou do jantar um momento de comunhão. Convido você a fazer o mesmo.

Como saber se estou com sobrepeso ou obesidade?

Ainda há pouco falei em matemática. Pois eis aqui uma fórmula muito simples de calcular o peso adequado para sua saúde, ou seja, o seu Índice de Massa Corporal (IMC). Para isso, basta saber com exatidão a sua altura e o seu peso atual. Feitas as contas, você descobrirá o quanto precisa emagrecer (ou engordar, caso o resultado esteja abaixo do normal!). Veja como é fácil:

$$\text{IMC} = \frac{\text{peso (em kg)}}{\text{altura}^2\text{ (em metros)}}$$

Vou dar o meu caso como exemplo. Tenho 1,95 metro e peso atualmente 80 quilos. Para calcular meu IMC, temos que fazer a seguinte conta:

$$\frac{80}{1{,}95 \times 1{,}95}$$

Chegaremos ao resultado de 21 kg/m^2. Agora, é só conferir esse valor na tabela abaixo.

Classificação do estado nutricional	Pontos de corte
Baixo peso	$<18{,}5$ kg/m^2
Eutrófico/Peso normal	$\geq 18{,}5$ e <25 k/gm^2
Sobrepeso	≥ 25 e <30 k/gm^2
Obesidade	≥ 30 k/gm^2

Estou classificado como eutrófico, que, em linguagem médica, significa que estou dentro da normalidade e apresento boa nutrição.

Como tenho dito, no meu caso, magreza é saúde. Mas não era essa a situação de uma jovem que me procurou tempos atrás se queixando de dores nas pernas, cansaço e falta de ânimo. Contou-me que tinha 1,58 metro e pesava 86 quilos. Feitas as contas, seu IMC dava 27,2 kg/m^2, ou seja, a jovem apresentava obesidade (confira na tabela).

Aconselhei que ela procurasse ajuda médica para modificar seus hábitos alimentares e a vida sedentária que dizia levar. Assim que se afastou, orei para que o RUAH divino lhe desse a força de vontade necessária para vencer seus problemas de saúde. Quando ela voltou ao Santuário Mãe de Deus, menos de um ano depois, quase não a reconheci: estava sorridente e vários quilos mais magra.

Que tal calcular o seu IMC agora? Quem sabe não seja este o momento certo de cuidar da sua saúde?

Vale lembrar que, se você for idoso, ou seja, tiver sessenta anos ou mais, para verificar a classificação do IMC deve observar a tabela abaixo:

Classificação do estado nutricional	IMC (kg/m^2)
Baixo peso	≤22,0
Eutrófico/Peso normal	>22 e <27
Sobrepeso	≥27

Importante: IMC é uma das formas indicadas para avaliação do estado nutricional de adultos e idosos. Para crianças e adolescentes, além do peso, é fundamental acompanhar também o crescimento, por isso são utilizados outros métodos de avaliação do estado nutricional. Para verificar o crescimento e o ganho de peso de seus filhos ou netos nessa faixa etária, é fundamental a consulta com o pediatra.

Vou dar mais uma dica bem simples. Esta é para medir a gordura abdominal. Aquela mesma que aumenta a barriga e deixa qualquer um desesperado na hora de abotoar a calça. Você só precisa de uma fita métrica para medir a sua cintura e depois comparar com os valores de referência:

Homens	Mulheres
até 94 cm	até 80 cm

Se a sua circunferência abdominal for igual ou superior a essas medidas, atenção! Está na hora de começar a se mexer! Gordura no abdômen aumenta o risco de doenças, principalmente as do coração, cérebro e rins.

Por que devo me preocupar com meu peso?

Sempre repito que devemos manter o peso não por motivos estéticos, mas em razão de nossa saúde. Muita gente se descuida e engorda excessivamente sem saber que o sobrepeso e a obesidade estão relacionados a várias doenças do coração, ao diabetes e até ao câncer.

É muito triste ver tanta gente morrendo antes da hora por falta de informação e de força de vontade para cuidar da saúde. Entretanto, a receita para perder peso resume-se a duas decisões da sua parte: reeducação alimentar e uma vida mais ativa, com a prática regular de atividade física.

Ouço com muita frequência as pessoas dizendo que não conseguem deixar de comer molhos, massas, frituras e outros alimentos que o médico proibiu. Posso garantir que nada disso é impossível. Tudo depende de força de vontade. A responsabilidade por uma vida saudável é toda nossa.

A primeira coisa que você vai precisar é de paciência. O processo de emagrecimento, sobretudo quando envolve reeducação alimentar, não é rápido. Nosso corpo (principalmente nosso cérebro!) necessita de um tempo para se acostumar com a nova condição. A perda de peso é gradativa, por isso, não desanime! Lembre-se de que mesmo uma pequena redução nos primeiros meses, de 1 a 2 quilos, já traz ganhos importantes para a saúde.

Outra coisa que pode acontecer na primeira fase do regime é o seu peso estacionar durante alguns dias. Você sobe na balança dia após dia e o ponteiro aponta sempre para a mesma marca. Não é caso de desânimo. Faz parte do processo. Seu peso continua igual, mas pode ter havido redução de medidas, como a da circunferência abdominal, por exemplo. Isso já é um passo importante, pois pode significar que ocorreu eliminação de gordura. Permaneça firme em seus propósitos e, quando menos esperar, verá o ponteiro descer mais.

Dietas que restringem a alimentação podem até promover perda de peso rápida, mas são quase impossíveis de se seguir por muito tempo e costumam causar sérios danos à saúde. Passei por isso quando fiz, durante seis meses, a dieta à base de hambúrguer e alface. Perdi muito peso em pouco tempo, mas fiquei tão fraco que cheguei a cair quando me exercitava na esteira.

Não recomendo esse tipo de dieta a ninguém. Bem mais positivo é mudar sua alimentação aos poucos, substituindo alimentos calóricos e desprovidos de nutrientes por alimentos integrais, naturais e saudáveis. Associe isso à prática regular de alguma atividade física e você vai colher ótimos resultados. Além de contribuir para a redução e o controle do peso, exercitar o corpo melhora a força dos músculos, fortalece os ossos, aumenta a resistência orgânica e também a autoestima.

Que o RUAH divino lhe dê a força necessária para mudar seus hábitos e ganhar uma nova vida, com mais saúde e alegria. Tenha sempre em mente as palavras do apóstolo Paulo: "**13** Vigiai! Sede firmes na fé! Sede homens! Sede fortes!" **(1Co 16,13)**.

O risco das dietas radicais

Antes de começar um regime alimentar, procure sempre a orientação de um profissional da área de saúde, seja ele médico ou nutricionista. Nunca embarque em dietas da moda. A cada verão, surge uma novidade mais mirabolante do que a outra: dieta da Lua, da sopa, do *shake*, da noiva, do melão, e assim vai. Todas prometem emagrecimento rápido. Todas se baseiam na exclusão de um ou vários tipos de alimentos e, com isso, não fornecem a quantidade de nutrientes necessária para uma boa saúde. Algumas chegam mesmo a pregar o jejum!

Atraído pela promessa de perder peso em pouco tempo, caí na armadilha da dieta à base de alface e hambúrguer.

Passei seis meses me alimentando dessa forma e cheguei a perder quase quarenta quilos. Só percebi que estava pondo minha vida em risco quando comecei a desenvolver um perigoso quadro de anorexia. Fiquei apenas pele e osso!

Como não são elaboradas por profissionais de saúde e não têm embasamento científico, essas dietas desequilibram nosso organismo e podem dar origem a tonturas, cansaço, anemia, queda de cabelo, dificuldade de concentração e irritabilidade. O mais incrível é que podem causar a perda de músculos, de vitaminas, de minerais e não de... gordura! E como elas nos privam dos alimentos, é bem difícil segui-las até o fim. Aí, outra surpresa: quando interrompidas, levam ao ganho de peso, muitas vezes superior àquele que tínhamos quando iniciamos o regime. O que sobra? Um grande sentimento de frustração.

Com as dietas elaboradas pelo médico endocrinologista ou pelo nutricionista, você não passa fome. Ao contrário, você vai ter acesso a um cardápio balanceado, constituído por alimentos que trazem benefícios nutricionais ao seu corpo e à sua saúde. Vai aprender a comer menos e nas horas certas. E, acima de tudo, a sentir prazer pelo que come.

Portanto, não acredite mais em dietas milagrosas por uma simples razão: não há milagre para emagrecer. Trata-se de um processo gradativo e não de um passe de mágica. Volto a repetir que a perda de peso é o resultado da combinação de reeducação alimentar e atividade física. Tudo vai depender da sua vontade e determinação para levar uma vida mais saudável e feliz.

Anorexia e bulimia: distúrbios relacionados ao peso

O quadro de anorexia que comecei a desenvolver por causa da dieta maluca de alface e hambúrguer foi o meu limite. Precisei chegar a isso para ver que havia algo de muito errado com minha saúde. Mas ninguém precisa chegar ao fundo do poço para tomar a decisão de dar início a um regime alimentar. Se você está acima do peso, sente dores no corpo, cansaço nas pernas ao caminhar, está com a pressão alta, altos níveis de colesterol no sangue, entre outros sintomas, melhor começar a se cuidar o quanto antes.

Não sou eu que digo que o excesso de gordura prejudica o organismo. Isso já está mais do que comprovado pela ciência. O foco do emagrecimento deve ser a busca pela saúde e não a necessidade de se enquadrar aos padrões de beleza impostos pela mídia. A obsessão de perder peso para ficar com corpo de modelo ou de artista de cinema pode levar a transtornos alimentares muito graves, como a anorexia e a bulimia.

Quem sofre desses distúrbios não costuma ter uma boa relação com a comida. Vive se preocupando com calorias e chega até a ficar com raiva quando sente fome. Costuma ser muito crítico em relação a si mesmo e pode apresentar sintomas de depressão, ansiedade e baixa autoestima.

No caso da anorexia, a pessoa está tão obcecada em emagrecer que começa a não se alimentar e acaba esquelética. Mesmo assim, quando se olha no espelho, continua insatisfeita, achando que precisa emagrecer mais. Já quem sofre de bulimia passa um bom tempo sem comer até que, numa espécie de surto, come sem parar. Em seguida, movida pela culpa, a pessoa força o vômito, toma laxantes ou se entrega a exercícios físicos intensos para perder as calorias que ingeriu.

Esses distúrbios podem acontecer em qualquer idade, mas atingem principalmente os adolescentes. A família deve ficar atenta e procurar ajuda especializada antes que seja tarde demais.

Funcionamento do intestino

Todos os nossos órgãos são importantes, mas pouca gente sabe quanto o intestino é fundamental para a saúde e o bom funcionamento do organismo. Ele é o responsável pela absorção dos nutrientes que vêm dos alimentos que comemos.

Outra coisa que pouca gente sabe é que dentro do intestino há um mundo vivo e superpovoado de microrganismos chamados bactérias. Umas são do bem e, além de participar do processo de nutrição, também nos protegem daquelas que são do mal e podem nos causar doenças. Veja que até dentro da gente a luta entre o Bem e o Mal não tem fim.

É preciso que haja um bom equilíbrio entre bactérias boas e ruins para manter nossa saúde. Excesso de gorduras, de açúcar, de alimentos pobres em fibras, além do baixo consumo de alimentos naturais e integrais, tudo isso pode comprometer esse equilíbrio, causando, entre outros problemas, a constipação, também conhecida como prisão de ventre.

Uma dieta equilibrada e rica em nutrientes associada à atividade física mantém o funcionamento do intestino, que, por sua vez, fará a sua parte nos dando saúde e mais disposição.

Aqui vão algumas dicas para você manter o bom funcionamento do intestino:

- Beba de 2 a 3 litros de água por dia.
- Dê preferência à água em relação a outros líquidos.
- Consuma alimentos ricos em fibra, como frutas, verduras, feijão, aveia, arroz integral e trigo integral.
- Pratique atividade física regularmente, no mínimo 30 minutos por dia.
- Não segure a vontade de ir ao banheiro. Respeite o tempo do seu intestino.

O que é o peso ideal?

Hoje tenho o mesmo peso que eu tinha quando filmei *Maria, mãe do Filho de Deus*, em 2003, ou seja, 80 quilos. Considero este peso o mais saudável para mim, já que pela tabela do IMC está dentro da normalidade. Com esse peso me sinto bem e suficientemente preparado para enfrentar minha rotina diária de compromissos e atividades religiosas.

Na verdade, não existe um peso ideal. Prefiro dizer peso "saudável". Cada um tem o seu porque cada organismo tem necessidades específicas. Além disso, ele deve estar em harmonia com a idade, a altura e a atividade física do indivíduo. Agora que você já sabe como funciona a tabela do IMC, pode calcular o seu e, caso esteja acima do nível considerado normal, procurar ajuda médica para chegar ao "peso saudável".

Não fique comparando o seu peso com o de outras pessoas ou, muito menos, com o peso daquelas celebridades consideradas perfeitas de corpo. Isso pode interferir na maneira como você enxerga o seu próprio corpo. Pode até passar a odiá-lo. No entanto, o peso da sua amiga magricela ou da atriz famosa pode não ser o mais saudável para você. Por isso não faz sentido nenhum cobiçar as medidas de outras pessoas.

Quando não temos uma alimentação equilibrada, podemos acumular gordura e aumentar a chamada massa gorda. Mas é bom lembrar que nem todo aumento de peso está relacionado ao ganho de gordura. Aqueles que frequentam academias e praticam esportes podem adquirir massa muscular, conhecida como massa magra, o que influencia no peso. A diferença é que essa faz bem para nossa saúde porque reduz o risco de doenças. De qualquer modo, avaliar a quantidade de gordura e de músculo em nosso corpo é mais importante do que considerar apenas o peso. Um profissional da área da saúde pode fazer essa avaliação.

Por enquanto, guarde isso: o melhor peso é aquele que traz saúde para você, reduzindo o risco de doenças do coração, da obesidade, da hipertensão, do diabetes, entre outros.

Boa aparência é sinônimo de saúde?

A resposta é não. Hoje em dia, a beleza parece mover o mundo. As pessoas fazem qualquer coisa para se mostrar jovens e bonitas. Recorrem a um arsenal de procedimentos em nome da aparência: lipoaspiração, Botox, cirurgias plásticas... Mas nada disso é sinônimo de boa saúde.

A definição da palavra já diz tudo: "aparência é aquilo que se mostra externamente". Saúde é muito mais do que isso. O nosso organismo é uma grande engrenagem que funciona como um todo. Quando tudo está bem por dentro, por fora também está. A própria Organização Mundial da Saúde (OMS) define saúde como "um completo estado de bem-estar físico, mental e social". É disso que depende nossa qualidade de vida e nada melhor para mantê-la do que uma alimentação saudável, a prática de atividades físicas e visitas regulares ao médico.

Não estou querendo dizer com isso que os cuidados com a aparência sejam dispensáveis. Estou dizendo que nossa saúde deve vir em primeiro lugar. Não faça dietas alimentares pensando apenas na beleza do corpo. Emagrecer é para quem está acima do peso e precisa cuidar da saúde. Quando estamos saudáveis, ficamos de bem com a vida, encontramos alegria e disposição de viver. A beleza nasce desse contentamento. Cuidar de nossa saúde também é cuidar de nossa aparência.

Lembre-se das palavras do Senhor: "**7** Não te deixes impressionar pelo seu belo aspecto, nem pela sua alta estatura, porque eu o rejeitei. O que o homem vê não é o que importa: o homem vê a face, mas o Senhor olha para o coração" **(1Sm 16,7)**.

2
Dieta saudável

6 *Coragem! E sede fortes. Nada vos atemorize, e não os temais, porque é o Senhor, vosso Deus, que marcha à vossa frente; ele não vos deixará nem vos abandonará.* **(Dt 31,6)**

Uma alimentação saudável é fundamental para nosso bem-estar e qualidade de vida, mas para colocá-la em prática há um requisito também indispensável: a reeducação alimentar. Percebo que a maioria das pessoas tem muita dificuldade na hora de mudar seus hábitos alimentares, isso para não falar de preconceito: tem gente que torce o nariz para comidas que nunca experimentou.

Muitos daqueles que são portadores de doenças crônicas, como o diabetes ou a hipertensão, não se preocupam como deveriam com a qualidade de sua alimentação. Chegam a inventar desculpas do tipo "como de tudo e nada me faz mal". Claro que não é verdade. Quem é diabético e toma um copo de refrigerante, está engolindo uma bomba de açúcar! Quem tem pressão alta e derruba meio saleiro no prato está se candidatando a ter um AVC.

A reeducação alimentar não é tortura e nem castigo. Eu vejo como uma descoberta de novos sabores e aromas. Colocando de modo bem simplificado, é trocar aquilo que faz mal à sua saúde por aquilo que faz bem. Parece mau negócio? Claro que não. Depois de nos acostumarmos com alimentos naturais e integrais, o prazer é duplo: nossas refeições se tornam ao mesmo tempo saborosas e saudáveis. E isso é mais do que um ótimo negócio, é motivo de satisfação e alegria.

Mas o que é, afinal, uma alimentação saudável? Antes de tudo, uma dieta equilibrada, composta de todos os tipos de alimentos, como frutas, verduras, legumes, cereais, carnes, leite e ovos. É dar preferência aos alimentos *in natura*, muito mais nutritivos e saudáveis do que os alimentos industrializados. É trocar frituras por assados e assim contribuir para que os níveis de colesterol e triglicérides se mantenham estáveis.

Infelizmente, a dieta habitual dos brasileiros deixa muito a desejar em matéria de qualidade nutricional e de saúde.

O consumo de gordura, açúcar e sal muito acima do desejável ainda é visto como normal. Os alimentos industrializados, que contêm conservantes, corantes e espessantes, além de altos índices de sódio, foram aos poucos tomando o lugar dos alimentos *in natura*, como legumes, verduras e frutas. Qual o resultado disso? É fácil de responder, basta olhar ao seu redor: obesidade, diabetes, doenças cardíacas e outras consideradas crônicas porque estão relacionadas ao consumo de alimentos calóricos, artificiais e pouco nutritivos.

A opção por uma dieta saudável e balanceada pode prevenir essas doenças e oferecer mais qualidade de vida. Pensando nisso, darei agora algumas dicas que ajudarão você a programar melhor sua alimentação.

- Procure substituir o arroz branco pelo arroz integral que, além de mais nutritivo, possui fibras e é rico em vitamina B1. Você pode prepará-lo da mesma forma que prepara o branco, usando alho, cebola e ervas.
- Utilize sal, açúcar, óleos e gorduras de forma moderada.
- Procure manter a harmonia entre a quantidade e a qualidade dos alimentos — essa é a base da boa alimentação.
- Procure fazer as refeições sempre nos mesmos horários todos os dias. Coma devagar, mastigando bem e aproveitando o sabor dos alimentos.
- Evite outras atividades (como assistir TV ou teclar no celular) durante as refeições.
- Não deixe de ingerir água regularmente e também sucos de frutas naturais e chás. Opte sempre por água e sucos no lugar de refrigerantes.
- Se possível, reserve um tempo para cozinhar. Você tem mais controle sobre a qualidade dos alimentos quando prepara as próprias refeições.
- Lembre-se de que comprar verduras, legumes e frutas da época é mais barato e também uma garantia de que estão frescos.
- Dê preferência a alimentos cozidos, grelhados ou assados, que são formas de preparo mais saudáveis do que as frituras.
- Procure se informar sobre alimentação e saúde. Na internet você encontra muitos sites confiáveis, como o do

doutor Drauzio Varella, por exemplo: www.drauziovarella.com.br.

- Não caia na cilada de conselhos do tipo "só um pouquinho não faz mal". Faça uma dieta consciente, sempre pondo sua saúde em primeiro lugar.

Como substituir remédios por uma boa alimentação

Hoje, felizmente, não tomo nenhum remédio. Mas o uso intensivo que fiz de anti-inflamatórios para aliviar as dores que sentia na coluna me causaram graves efeitos colaterais — fiquei inchado e ganhei peso. Desde que parei com os remédios e adotei uma dieta mais equilibrada, venho me sentindo melhor a cada dia, com muito mais ânimo e energia.

Não estou pedindo para que você ponha seus remédios de lado, principalmente se for portador de alguma enfermidade crônica, como diabetes, hipertensão, bronquite, asma, rinite ou qualquer outra que exija medicação regular prescrita pelo seu médico. Mas uma coisa posso garantir: uma alimentação saudável aumenta a qualidade de vida e é a melhor aliada na prevenção de doenças.

Devemos entender como alimentação saudável aquela que supre todas as necessidades do nosso corpo porque contém os nutrientes de que precisamos, ou seja, proteínas, carboidratos, gorduras, vitaminas e minerais. São eles que nos dão saúde e energia. São encontrados em quantidade nos alimentos naturais, como verduras, legumes e frutas, em grãos e cereais. Se esses alimentos ainda forem integrais e orgânicos, melhor ainda.

Com uma alimentação saudável, doenças cardíacas, obesidade, diabetes, pressão alta, anemias e outras enfermidades podem ser evitadas. Quando algumas dessas doenças já estão instaladas, com uma dieta prescrita por nutricionista, podem ser controladas. Em alguns casos, os remédios acabam sendo trocados por alimentos que aumentam a resistência orgânica.

O melhor mesmo é você investir na alimentação saudável antes que as doenças batam à sua porta.

Um médico da Antiga Grécia chamado Hipócrates dizia: "Deixe que a alimentação seja o seu remédio e o remédio a sua alimentação".

As palavras de Hipócrates até hoje continuam valendo.

Adoçantes são do bem ou do mal?

Toda vez que se fala sobre os adoçantes, o que mais ouço são reclamações. Uns dizem que eles são amargos e deixam um gosto ruim na boca. Outros dizem que eles não adoçam o suficiente. Tem gente que diz que prefere ganhar calorias a abrir mão do bom e velho açúcar.

Respeito a opinião de cada um. Mas usar adoçante nem sempre é apenas uma questão de gosto e sim de necessidade. Ou melhor, de saúde. Quem está acima do peso, pode substituir o açúcar por adoçante para não ganhar calorias. Diabéticos não podem ingerir açúcar para não aumentar os níveis de glicose no sangue.

Mudar de hábitos exige sempre algum esforço, mas acabamos nos acostumando. Para ajudar, existem vários tipos de adoçantes no mercado para você experimentar e adotar o que lhe parecer mais agradável. Os mais populares são a sacarina, o aspartame, a sucralose, o ciclamato e a estévia.

De todos os adoçantes artificiais, a sacarina é a mais antiga. Desenvolvida em 1879, continua a ser usada até hoje. Adoça 450 vezes mais do que o açúcar, mas deixa um gosto residual amargo na boca. Tem a vantagem de ser eliminada pela urina e não se acumular no organismo. Durante muito tempo foi considerada uma droga cancerígena, mas atualmente a Agência de Controle de Remédios e Alimentos dos Estados Unidos (FDA) considera esse adoçante inofensivo à saúde.

Com poder adoçante menor do que a sacarina, o aspartame, também artificial, é 200 vezes mais doce do que o açúcar e fornece 4 kcal/g. Ele deve ser ingerido com cautela por pessoas que não podem consumir fenilalanina.

Descoberto em 1937 e aprovado como adoçante em 1949, o ciclamato, assim como a sacarina, ficou durante décadas sob a suspeita de ser cancerígeno, mas a mesma FDA que aprovou a sacarina hoje considera o ciclamato um edulcorante seguro. Cerca de 30 vezes mais doce que o açúcar, costuma ser combinado com a sacarina para mascarar seu sabor amargo.

A sucralose é fabricada a partir do próprio açúcar e talvez seja por isso que muita gente pensa que ela é um adoçante natural. Não é. A molécula do açúcar é quimicamente modificada para que a sucralose seja obtida. Entre os adoçantes artificiais, é o que tem o sabor mais parecido com o do açúcar, embora seja 600 vezes mais doce. O corpo não reconhece a sucralose como um carboidrato e ela não é digerida nem absorvida pelo organismo.

A estévia é um adoçante natural feito a partir de uma planta com o mesmo nome. Possui de 250 a 300 vezes mais poder adoçante que o açúcar. Embora tenha um sabor levemente amargo, é um adoçante de consumo considerado seguro, fabricado sem substâncias nocivas ao organismo.

Adoçantes artificiais devem ser utilizados com moderação. Seu uso, por si só, não leva a perda de peso. Eles são apenas auxiliares na redução calórica. O ideal é você tentar diminuir a quantidade de açúcares que consome até se acostumar com sabores menos doces. Assim não precisará adicionar adoçantes em grandes quantidades em bebidas e sobremesas. Conheço muita gente que deixou de adoçar o café e, depois de se acostumar com o paladar, passou a achar que o açúcar "estraga" o gosto da bebida...

Gestantes, lactantes e crianças devem receber orientação médica antes que os adoçantes sejam incluídos na alimentação.

Vários produtos *light* ou *diet* contêm adoçantes. É importante que você se acostume a ler o rótulo desses produtos para saber que tipo de adoçante está contido neles. Sempre que possível, opte por alternativas naturais.

Chá e café para emagrecer

Os brasileiros não têm o costume do "chá das cinco", como têm os ingleses. Em compensação, conhecem uma enormidade de chás de ervas medicinais. Existem plantas para tudo. Chá de boldo para o fígado. Chá de capim-limão para insônia. Chá de quebra-pedra para cálculo renal e por aí vai. Mas quando se trata de prevenção e tratamento da obesidade, cada vez mais brasileiros preferem uma planta chamada *Camellia sinensis*, originária da China. É com ela que se prepara o famoso chá-verde, que auxilia a redução das reservas de gordura do corpo. Porém, seu efeito é maior quando associado à prática de exercícios físicos.

Isso acontece porque um de seus compostos é a cafeína, a mesma substância presente no café, que aumenta a oxidação das gorduras e o gasto energético do nosso organismo. Além disso, o chá-verde ainda é um ótimo antioxidante, que combate a ação nociva dos radicais livres.

Por ser rico em cafeína, o café também presta o mesmo serviço de controle de gorduras. Ela prolonga a sensação de saciedade, fazendo com que a gente belisque menos ao longo do dia. O café tem ainda outro efeito que pode ser usado a nosso favor durante um programa de emagrecimento. Como é um excelente estimulante, favorece a prática de exercícios.

Embora tanto o chá-verde quanto o café estejam sendo usados cada vez mais com a finalidade de emagrecimento, não existe uma recomendação científica oficial em relação a esse benefício específico. Entretanto, nada impede que sejam utilizados como recursos complementares de um estilo de vida saudável. Um profissional da saúde saberá recomendar as doses mais apropriadas para você.

Riscos do sal em excesso

Você já deve ter visto essa cena dezenas de vezes do mesmo jeito que eu já vi: alguém salpicando mais sal sobre a comida que já foi salgada pelo cozinheiro. Eu só espero que você não faça o mesmo. Eu já ingeri mais sal do que precisava, mas hoje, depois de corrigir minha alimentação, consegui me libertar disso.

O brasileiro, infelizmente, está acostumado com muito sal na comida, o que pode ser um grande perigo para a saúde. Entre outras coisas, o sal em excesso provoca a retenção de líquidos, problemas renais e hipertensão, que por sua vez pode levar a um derrame cerebral ou doenças cardíacas. Para que correr um risco que pode ser evitado?

A recomendação mundial de ingestão de sal é de no máximo 5 gramas por dia, mas o brasileiro consome mais do que o dobro, cerca de 12 gramas por dia! Mesmo o limite de 5 gramas pode facilmente ser ultrapassado quando consumimos alimentos enlatados, salgadinhos, molho shoyu ou quando exagerarmos no sal na hora de temperar os pratos.

Cerca de 40% da composição do sal é puro sódio, que é um nutriente fundamental para o nosso organismo. Mas quando consumido em excesso, torna-se um inimigo da nossa saúde.

Boa parte dos alimentos industrializados, doces ou salgados, contém aditivos como benzoato de sódio, sorbato de sódio, citrato de sódio, entre outros, o que eleva ainda mais os níveis desejados desse elemento. Quando ingerimos sódio em excesso, a concentração desse mineral no sangue se eleva. Para manter o equilíbrio, nosso corpo precisa de mais água, fazendo com o que o volume sanguíneo aumente. Isso se chama hipertensão. Por isso, quando for ao supermercado, leia os rótulos e preste atenção na tabela nutricional dos produtos. Escolha sempre aqueles com menor quantidade de sódio.

Comece a reduzir o sal de suas refeições hoje mesmo. Não é tão difícil assim. Caso isso seja uma grande dificuldade para você, reduza gradualmente. A gente se acostuma tão bem a comer com menos sal que depois só com uma pitadinha nosso paladar acha que engolimos o saleiro todo...

Especiarias e ervas que substituem o sal

Um bom truque para substituir ou diminuir o sal na hora de cozinhar é caprichar nos temperos. Além de contribuir com sua saúde, a comida ainda fica mais cheirosa e saborosa!

Dentre os temperos e ervas mais populares estão a cebola, o alho, a pimenta-do-reino, o louro, a salsinha, a cebolinha, o alecrim, o orégano, o coentro e o manjericão. Mas garanto que você conhece vários outros, como o urucum, a hortelã, a sálvia, o açafrão, o cominho, a manjerona... É uma variedade abençoada de sabores que a natureza nos dá. Aqui vão algumas sugestões sobre como utilizar alguns deles:

Tempero	Utilização
Salsinha	Preparo de carne, peixes, aves e vegetais
Coentro	Marinadas, molhos, ensopados e na finalização de pratos
Manjericão	Molhos para salada e massas, pesto, carne, frango e frutos do mar
Orégano	Preparações com ovos e queijos, vegetais, carnes e saladas
Tomilho	Sopas, cozidos e aves
Alecrim	Marinadas, molhos, sopas, peixes e aves
Alho	Marinadas, molhos, pratos cozidos e refogados.

Além de aromáticos, alguns desses temperos também possuem propriedades que podem ser boas aliadas nos cuidados com a saúde. É o caso do alho, que ajuda no controle do colesterol, da pressão arterial e tem um importante papel como anticoagulante. O alecrim, a sálvia e o tomilho possuem substâncias chamadas flavonoides, que têm propriedades antioxidantes que protegem o organismo dos radicais livres. Temperos ricos em carotenoides, como a páprica e o açafrão, também têm função antioxidante.

Aqui vão mais algumas dicas para você tirar o máximo prazer dos temperos e diminuir o sal da comida:

- O sabor das ervas frescas fica mais acentuado quando elas são adicionadas à panela apenas no final do cozimento.
- O sal de ervas é uma boa alternativa para ser utilizada em substituição ao sal. Para fazê-lo em casa, basta mis-

turar no liquidificador uma medida de sal e cinco partes de ervas secas a sua escolha. Depois de triturada, mantenha a mistura em local seco e utilize como sal comum.

Dieta sem lactose

Você já percebeu que o homem é o único mamífero que continua a beber leite mesmo depois de adulto? Alguns nutricionistas afirmam que nós podemos passar bem sem ele depois que saímos da infância. Acreditam que a suspensão do leite do nosso cardápio pode ajudar no emagrecimento. Para eles, os vilões são a gordura e a lactose, um tipo de açúcar presente no leite e também em seus derivados, como queijos e iogurtes.

Não são todos os nutricionistas que concordam com isso. Há os que defendem que a suspensão do leite e derivados da dieta pode levar a descalcificação e à osteoporose. Ao que os especialistas do primeiro grupo rebatem dizendo que o cálcio que nosso organismo precisa pode ser retirado de outros alimentos, como vegetais de folhas verde-escuras (brócolis, couve, espinafre etc), do tofu (queijo de soja), do gergelim, da sardinha e de outras fontes.

Numa coisa eles concordam: muitas pessoas têm intolerância à lactose e podem se sentir mal quando consomem leite, queijos e iogurte. Os sintomas mais comuns são dores abdominais, diarreia, náuseas, sensação de barriga estufada e gases.

A intolerância é causada pela falta ou diminuição da enzima lactase, presente no intestino, cujo principal papel é descontruir a lactose para facilitar sua absorção. Depois que desmamamos, a taxa dessa enzima diminui em nosso organismo, e esse é um dos motivos que podem causar a intolerância à lactose.

Caso alguns dos sintomas descritos aqui sejam seus velhos conhecidos, não suspenda o leite de sua dieta sem antes consultar o médico. Isso também vale para quem quer economizar calorias e perder peso. Só com exames e a avaliação de um especialista você saberá o que é melhor para a sua saúde.

Dieta sem glúten

Você já deve ter reparado em alguns produtos vendidos no supermercado que trazem no rótulo um aviso que diz: "Não contém glúten". E como acontecia comigo, você deve ter se perguntado: E daí? Isso é bom? Isso é ruim?

Hoje sei que o alerta é especialmente dirigido às pessoas que sofrem de uma doença chamada celíaca, uma inflamação crônica do intestino delgado que pode causar a má absorção dos alimentos. Os celíacos têm intolerância permanente ao glúten e se comem algo que contenha esse ingrediente, podem apresentar sintomas como vômitos, diarreia, dor de barriga, prisão de ventre e falta de apetite.

Não são apenas os celíacos que precisam manter distância do glúten. Algumas pessoas simplesmente são sensíveis a ele e, do mesmo modo, sofrem com esses sintomas.

Afinal de contas, o que é o glúten? Eis outra pergunta que muitas vezes me fiz. Hoje sei que se trata de uma proteína presente no trigo, no centeio, na cevada, na aveia e no malte. Costuma ser usado em vários alimentos industrializados, como pão, bolo, biscoito, macarrão e pizza. Sua função é dar liga a essas massas.

Existe muita confusão em relação ao consumo do glúten. Há quem diga que ele engorda, mas isso não é comprovado cientificamente.

A conselho de minha nutricionista, deixei de usar glúten. Sei que ele contém aminoácidos essenciais — daqueles que não produzimos por conta própria e precisam ser adquiridos por meio da alimentação —, mas outros alimentos também podem provê-los, por isso acatei a recomendação.

Consulte um especialista da área da saúde para tomar a sua decisão.

A ajuda dos alimentos termogênicos

Que alimentos são esses de nome tão complicado? Pois garanto que são seus velhos conhecidos: pimenta, café, chá-verde... A lista é grande. A novidade é que os pesquisadores descobriram que esses alimentos têm a capacidade de aumentar o gasto de energia. Desde então, passaram a ser indicados pelos nutricionistas como alimentos e temperos auxiliares nas dietas de emagrecimento.

Existem até suplementos fabricados a partir dos componentes desses alimentos, mas, nesse caso, não devem ser consumidos em grande quantidade e, muito menos, sem a prescrição de um médico, pois podem provocar efeitos colaterais perigosos, como o aumento dos batimentos cardíacos e da pressão arterial, além de insônia, dores de cabeça e irritação estomacal. Mais indicado é que você inclua alimentos termogênicos naturais em sua dieta do dia a dia.

Dou aqui uma lista com os principais deles: pimenta-do-reino, pimenta-vermelha, pimenta-de-caiena, guaraná em pó, café e chá-verde.

Antes de encerrar esse assunto, volto a lembrar que uma alimentação equilibrada e a prática regular de atividades físicas ainda são a melhor maneira para perder peso de forma saudável. Esses alimentos que listei podem ser adicionados à sua rotina apenas como aliados para emagrecer e, caso você possa contar com a orientação de um nutricionista para isso, melhor ainda.

Benditos frutos

Li certa vez que um médico do século XVI dizia que as frutas deviam ser consumidas não para dar prazer, mas porque faziam bem à saúde. Até hoje me pergunto: por que não unir o útil ao agradável? Eu adoro frutas e saber que elas são tão saborosas quanto nutritivas só aumentam o prazer de comê-las. Tenho deliciosas lembranças de infância comendo frutas no pé. Quando eu era menino, jabuticabeiras e mangueiras ainda eram comuns nos quintais do bairro de Santana, em São Paulo, onde nasci e fui criado.

Hoje nem consigo pensar em alimentação saudável sem frutas. Quem quer saúde, precisa comê-las regularmente.

Elas são essenciais para o nosso organismo, tanto quanto os legumes, as verduras e os cereais, porque são fontes de vitaminas, minerais e fibras. Essa alta concentração de nutrientes aumenta nossa resistência orgânica e ajuda na prevenção de doenças. Se não bastasse isso, as frutas também contêm antioxidantes, que combatem os radicais livres causadores de câncer e são pouco calóricas, o que nos ajuda a manter o peso.

A gente não vê e nem percebe, mas as vitaminas e os sais minerais são nutrientes que participam ativamente dos processos que ocorrem o tempo todo no organismo, como a produção de energia, a transmissão de impulsos nervosos, a contração dos músculos etc. A vitamina C, por exemplo, presente em grande quantidade na acerola, no morango, na laranja e no limão, é muito importante na formação do colágeno, proteína que auxilia o fortalecimento dos vasos sanguíneos, na cicatrização, na formação de ossos e dentes, e ainda atua como antioxidante. Quanto aos minerais, o potássio é um dos mais importantes para o bom funcionamento de nosso organismo. Está presente em várias frutas, mas pode ser encontrado em maior quantidade no açaí e na banana. Ele promove o relaxamento muscular, entre vários outros benefícios, por isso é excelente no combate às câimbras.

Para quem está interessado em alimentação saudável, ajuda muito saber como as fibras das frutas funcionam em nosso organismo. Existem dois tipos de fibras vegetais: as solúveis e as insolúveis. As solúveis auxiliam na redução do colesterol e dos níveis de glicose no sangue, prevenindo doenças cardiovasculares e diabetes. As insolúveis ajudam no funcionamento do intestino, evitando a constipação, que é a conhecida prisão de ventre. Como você vê, solúveis ou insolúveis, ambas são benéficas à nossa saúde.

Troque os refrigerantes e as bebidas artificiais em pó, cheias de corantes e açúcar, por sucos de fruta natural, que você mesmo prepara em casa. Nada se compara a eles em matéria de nutrição e sabor. Os sucos industrializados costumam conter espessantes, conservantes, alto nível de açúcar e pouca quantidade de... fruta!

Nosso país, felizmente, tem uma enorme variedade de árvores frutíferas. São tantas frutas diferentes e nosso território tão grande, que muitas delas, como a sapoti, a graviola, o umbu, o cupuaçu, típicas do norte e nordeste, são pouco conhecidas no sul. Por isso, aproveite essa benção da nossa natureza. Coma frutas no café da manhã, como sobremesa na hora do almoço e do jantar, ou ao longo do dia, durante as refeições.

Coma sem culpa e com a certeza de que está fazendo um grande bem à sua saúde. O próprio Deus, nosso Pai, nos disse: "**29** Eis que eu vos dou toda erva que dá semente sobre a terra, e todas as árvores frutíferas que contêm em si mesmas a sua semente, para que vos sirvam de alimento" **(Gn 1,29)**.

Doce vida

Sorvetes, chocolates, bolos, musses, cremes, biscoitos, balas... Eles são sempre vistos como os grandes vilões de qualquer dieta de emagrecimento. Claro que para quem começa a perder peso, o melhor é se habituar a ficar distante deles por um tempo. Mas, depois de alcançar o seu peso ideal, você precisa continuar fugindo dos doces ou fingindo que eles não existem? Pois tenho uma boa notícia para dar. A resposta é não. Os doces podem fazer parte de nossa alimentação, desde que isso seja feito com moderação e equilíbrio. Uma alimentação completa conta com todos os grupos de alimentos, inclusive os doces.

Atualmente, a OMS recomenda uma ingestão baixa de açúcares livres ao longo da vida (isso inclui os açúcares que são adicionados aos alimentos e às bebidas, além dos naturalmente presentes no mel, sucos de frutas e xaropes). A OMS também sugere que o consumo de açúcares corresponda a menos de 5% das calorias totais ingeridas no dia, ou seja, isso equivale a aproximadamente 100 kcal, ou 20 gramas de chocolate ao leite, em uma dieta de 2.000 kcal.

Alguns estudos demonstram que os açúcares livres, que são aqueles presentes na maioria dos doces, quando consumidos em excesso, estão relacionados ao risco de se desenvolver doenças como a obesidade e o diabetes e ao aparecimento de cáries nos dentes. Então, você pode se animar com a boa notícia que dei lá no início, mas não muito. Os doces só podem fazer parte do nosso dia a dia quando consumidos com moderação e em harmonia com uma alimentação balanceada e completa. E também quando estão associados à prática regular de exercícios, que aumentam a "queima" do açúcar em nosso sangue.

E os diabéticos, podem comer doces? Esta é uma questão muito delicada. O diabetes é uma doença crônica causada pela falta ou má absorção da glicose (açúcar) pelo organismo. Os diabéticos não podem consumir açúcar sem o mais rigoroso acompanhamento médico. Se esse for o seu caso, contenha-se até receber a orientação adequada. O descontrole pode trazer consequências muito sérias a sua saúde.

Deixo aqui algumas dicas sobre o que costumo fazer para controlar meu consumo de açúcar:

- Na hora da sobremesa, escolha apenas um tipo de doce e sirva-se de uma pequena porção.
- Opte por preparações mais simples, como bolos e biscoito sem recheios, tortas sem coberturas e frutas sem chantili.
- Adote o açúcar mascavo ou o demerara no lugar do açúcar refinado. Eles preservam os nutrientes e as vitaminas provenientes da cana e não sofrem o processo químico do açúcar branco.
- Evite o máximo que puder o açúcar processado dos alimentos industrializados, presente em refrigerantes, sucos artificiais (e na maioria dos sucos naturais vendidos em embalagem longa vida), iogurtes, bolos, geleias e doces.

3
A importância do sono

9 *Apenas me deito, logo adormeço em paz, porque a seguran-ça de meu repouso vem de vós só, Senhor.* **(Sl 4,9)**

Quantas horas de sono já perdi pensando em alguma coisa que me preocupava! A insônia tomava conta de mim e eu simplesmente não conseguia pregar os olhos um minuto sequer. Nem sempre o motivo da vigília era um problema pessoal. Já passei muitas noites em claro, de rosário na mão, orando por alguém que sofria. No dia seguinte eu me sentia sonolento e sem energia, precisava fazer um grande esforço para cumprir minha agenda de compromissos.

Levei muito tempo para descobrir que eu exercia melhor meu sacerdócio quando tinha a mente e o corpo descansados e isso só era possível após uma boa noite de sono. Dormir restaura nossas forças. Percebi que eu acordava mais em paz e de coração aberto para ouvir os amados que me procuravam com suas aflições ou para receber uma benção. Quanto mais tranquilo e relaxado eu me sentia, maior era minha sintonia com o amor de Cristo.

Sei que a mesma insônia que tanto me perturbava ainda atinge milhares de pessoas. Essa é uma das queixas que ouço quase todos os dias no Santuário Mãe de Deus. O hábito de dormir tem sido posto de lado na correria das tarefas diárias. As longas horas de sono da infância vão sendo gradualmente reduzidas até chegarmos à vida adulta. Cerca de metade dos idosos apresentam algum problema para dormir. As doenças ou o uso de medicamentos também atrapalham o sono.

Quando passei a pesquisar o assunto, descobri que a insônia é um dos distúrbios do sono mais comuns nos dias de hoje. Depois de uma noite mal dormida, todos nós apresentamos cansaço, ardência nos olhos, ansiedade, déficit de atenção e problemas de memória.

Outro transtorno do sono é a apneia. Ela acontece quando há interrupção da respiração por mais de 10 segundos enquanto estamos dormindo. Pessoas com apneia costumam roncar, sentir sonolência excessiva durante o dia e dores de cabeça. Muita gente vem se queixar para mim do ronco do marido ou da esposa. Pode até parecer engraçado, mas não é. O ronco pode transformar num inferno a vida do casal.

Um sono tranquilo é bom não só para os relacionamentos, mas, principalmente, para a nossa saúde. Dormir bem aumenta a concentração e recupera a energia gasta depois de um dia estafante de trabalho. Já um sono agitado ou interrompido altera nosso desempenho físico e mental, ficamos vagarosos e sonolentos pelo resto do dia, dando um bocejo atrás do outro, o que só prejudica o trabalho, o estudo ou qualquer outra atividade diária.

Muita gente não sabe, mas a falta de sono pode interferir até em nosso peso corporal, tanto quanto os fatores genéticos e ambientais. Não dormir desregula a quantidade de alimentos que consumimos. Noites mal dormidas causam um aumento da liberação do hormônio da fome (chamado de grelina) e uma diminuição do hormônio da saciedade (chamado de leptina). Esse desequilíbrio hormonal faz com que a gente coma mais do que devia. O resultado? Gordurinhas a mais!

Além disso, a falta de sono também pode influenciar nosso apetite, aumentando a vontade de comer alimentos ricos em carboidratos, como doces e biscoitos, que são muito mais calóricos, e reduzindo o interesse por frutas e vegetais, bem mais saudáveis. O próprio cansaço causado pela sonolência diminui a vontade de praticar esportes e atividades físicas, o que reduz, consequentemente, o gasto de calorias. Mais uma vez, o resultado disso é o ganho de peso.

Aquelas "estratégias" que costumamos usar para diminuir a sensação de sono durante o dia, como lavar o rosto com água fria ou tomar uma xícara de café quente, além de não servirem para nada, ainda prejudicam a nossa saúde e o nosso humor, causando tensão e ansiedade.

O que podemos fazer para ter uma boa noite de sono? Aqui vai o meu conselho:

- Pratique atividades físicas durante o dia. Exercitar o corpo ajuda a regular o ciclo do sono, melhorando sua qualidade. Também auxilia no controle de peso porque aumenta o nosso gasto energético, e ainda traz outros benefícios para a saúde, como a prevenção de doenças cardiovasculares.

- Durma no escuro e com silêncio. Luz e barulho impedem que a gente mergulhe no sono profundo e acabamos assim não repousando como devíamos. A escuridão é a melhor reguladora do sono. A luz inibe a secreção de um hormônio chamado melatonina, que causa sonolência e faz com que a gente adormeça. É por isso que dormir com a luz acesa ou com a TV ligada, por exemplo, pode afetar a qualidade do sono. A melatonina também participa da regulação do sistema imunológico e tem funções anti-inflamatórias.
- Respeite seu organismo! Cada pessoa tem suas próprias necessidades de sono, devendo dormir o tempo necessário para que o corpo se refaça e consiga descansar por completo.

4
Os perigos da automedicação

7 *Não sejas sábio aos teus próprios olhos, teme o Senhor e afasta-te do mal.* **8** *Isto será saúde para teu corpo e refrigério para teus ossos.* **(Pv 3,7-8)**

Levado pela correria e pela falta de tempo, muitas vezes tomei remédio por conta própria, ou a conselho de alguém, em vez de procurar um médico ou um pronto-socorro. Isso é automedicação. Foi o que fiz durante o processo de depressão pelo qual passei e as consequências, conhecidas como efeitos colaterais, foram graves: inchaço, tontura, mal-estar, vômito e até desmaio. Depois disso, aprendi que tomar remédio sem receita médica pode colocar nossa saúde em risco.

Certa vez, uma jovem mulher me procurou no Santuário Mãe de Deus e me contou uma triste história. Seu filho de sete anos chegou em casa com febre e dor de cabeça. Pensando que fosse uma gripe, mandou-o para a cama. Em seguida, aconselhada por vizinhos, ela deu ao menino um analgésico. Poucas horas depois, ele morreu. O garoto estava com meningite, embora os sintomas iniciais da doença fossem muito parecidos com os da gripe. Se ele tivesse sido levado de imediato ao pronto-socorro, provavelmente teria sobrevivido. Em vez disso, a mãe perdeu um tempo precioso cuidando dele com a medicação errada.

A automedicação parece ser uma mania nacional. Descobri, pesquisando na internet, que cerca de 80 milhões de brasileiros são adeptos dessa prática perigosa. A deficiência de nosso serviço público de saúde leva a isso e também a não obrigatoriedade de receita médica para compra de alguns remédios. Mas, acima de tudo, está a falta de informação. Sabemos muito pouco sobre os riscos que corremos quando nos medicamos por conta própria. De acordo com a Associação Brasileira da Indústria Farmacêutica (Abifarma), milhares de brasileiros morrem anualmente vítimas da automedicação.

Outra pesquisa realizada para avaliar o perfil da automedicação no Brasil revelou que as pessoas recorrem a essa prática principalmente em casos de infecções respiratórias, dores de cabeça e má digestão. Muitas vezes, ao tomarmos algum medicamento sem prescrição médica, em vez de curar o mal, agravamos o problema. Ou então, aliviamos os sintomas, mas não curamos a doença, o que pode dificultar o diagnóstico do médico, quando, enfim, damos o braço a torcer e vamos à procura de um atendimento especializado.

A situação pode se agravar ainda mais quando a pessoa já toma uma medicação de uso regular e mistura com outra sem a recomendação médica. O resultado disso, que os médicos e farmacêuticos chamam de interação medicamentosa, pode ser intoxicação, dificuldade respiratória e até parada cardíaca.

Também é automedicação aumentar ou diminuir por sua conta as dosagens prescritas pelo médico ou interromper o tratamento porque você acha que já está curado.

Já faz alguns anos que a OMS recomenda o que ela chama de automedicação responsável, que é o uso de medicamentos de venda livre para tratar de resfriados, dores de cabeça, cólicas abdominais e menstruais, micoses e outros males de menor gravidade. Entretanto, a OMS condena o uso irresponsável de remédios de tarja vermelha ou tarja preta. Estes só com prescrição médica.

Com base em minha própria experiência, aconselho você a não tomar qualquer remédio que lhe ofereçam, principalmente quando não souber a origem da dor ou do desconforto que esteja sentindo. Fiz muito isso no passado e paguei com minha saúde por essa displicência. Sempre que possível, procure a orientação de um médico, como eu faço hoje. Ninguém melhor do que ele para pedir exames, caso sejam necessários, e dar o diagnóstico correto do que está comprometendo sua saúde.

5
Exercícios físicos

1 *Desse modo, cercados como estamos de uma tal nuvem de testemunhas, desvencilhemo-nos das cadeias do pecado. Corramos com perseverança ao combate proposto, com o olhar fixo no autor e consumador de nossa fé, Jesus.* **(Hb 12,1)**

Quem conhece minha trajetória pessoal sabe que, antes de descobrir minha verdadeira vocação e abraçar o sacerdócio, eu me formei em Educação Física. Esportes e a prática de exercícios sempre me interessaram. Tanto que, quando eu era menino, sonhava em ser jogador de futebol!

Mais tarde descobri que a atividade física é indispensável para nossa saúde. Mesmo depois de me tornar sacerdote, nunca abandonei o hábito de me exercitar. Houve apenas uma ocasião em que me vi obrigado a parar. Foi em 2010, quando caí da esteira ergométrica e quebrei o pé. Isso me imobilizou por um bom tempo e até para celebrar a missa no Santuário Mãe de Deus eu precisava do auxílio de uma cadeira de rodas. Graças ao infinito amor de Jesus Cristo eu me recuperei e não fiquei com nenhuma sequela.

Depois do acidente, muita gente pensou que eu não voltaria mais a praticar exercícios físicos. Chegaram mesmo a recomendar que eu ficasse bem longe deles. Nada disso. Assim que tive autorização médica, retomei meu treinamento habitual. Costumo dizer que, com caminhadas, exercícios e meu rosário, mantenho a boa forma. Isso é qualidade de vida.

Mas foi o espanto de algumas pessoas que me fez notar o quanto a prática de exercícios é considerada como algo que exige um grande esforço. Não é bem assim. Bastam disciplina e boa vontade.

O período em que fiquei parado foi motivo de angústia para mim. Mas vejo hoje que, infelizmente, a inatividade física está cada vez mais presente na rotina da vida moderna. Compromissos de trabalho ou de estudo nos obrigam a passar longas horas sentados e, em nossos momentos de lazer, a tecnologia dos celulares, computadores, videogames e televisão favorece comportamentos sedentários, tanto em crianças quanto em adultos. Isso sem contar a falta de espaços abertos nas cidades para a prática de exercícios ao ar livre.

A atividade física regular é recomendada por médicos e especialistas pela grande quantidade de benefícios que traz à saúde. Ela está diretamente relacionada à diminuição do risco de doenças cardiovasculares, do diabetes melito tipo 2, da obesidade, da osteoporose, da ansiedade, da depressão e até de alguns tipos de câncer, como o de colón.

Em minha opinião, o hábito de se exercitar deve começar cedo e fazer parte da rotina das crianças, despertando nelas o interesse por um estilo de vida ativo. Além disso, o exercício auxilia na formação da massa óssea e na prevenção da osteoporose no futuro. Para que isso aconteça, precisamos incentivar as aulas de educação física na escola, bem como competições que estimulem as atividades em equipe e outros aprendizados recreativos e sociais.

Na idade adulta, a atividade física é importante para a prevenção e o controle das doenças crônicas e também para que haja um envelhecimento saudável. Recomendo o acompanhamento de um educador físico quando a prática de exercícios for regular e mais intensa. Ele poderá orientar quanto ao melhor tipo de exercício a ser feito e a forma mais adequada de execução. Isso é fundamental para respeitar os limites de cada um e evitar lesões musculares.

A OMS recomenda a prática semanal de 150 minutos de atividades físicas moderadas. Para começar, trinta minutos de caminhada diária já trazem mais disposição e bem-estar. Faça isso na companhia de familiares ou amigos para que esses momentos sejam ainda mais divertidos. Seu cão também é um ótimo parceiro e vai adorar esses passeios diários.

Mas falta de companhia não é desculpa para não sair de casa. Caminhar sozinho é uma ótima maneira de entrar em contato com a gente mesmo, colocar os pensamentos em ordem e encontrar paz e harmonia.

Para praticar exercícios, tanto ao ar livre quanto em locais fechados, precisamos tomar alguns cuidados. Baseado em minha própria experiência, eis aqui alguns conselhos:

- Procure sempre fazer alongamentos musculares antes e depois da atividade física para trabalhar a flexibilidade dos músculos e prevenir o aparecimento de lesões.

- Evite ficar em jejum ou fazer refeições pesadas perto da hora de praticar exercícios.
- Mantenha a hidratação constante durante todo o dia, principalmente quando se exercitar sob o sol.
- Utilize roupas que não restrinjam seus movimentos e que permitam a evaporação adequada da transpiração.
- Dê preferência a tênis confortáveis, que sejam compatíveis ao exercício ou esporte que praticar.
- Toda atividade deve ser iniciada de forma gradativa. Não é necessário entrar em uma academia para se ter um estilo de vida mais ativo. Atitudes simples, como trocar o elevador pela escada ou cumprir a pé uma parte do percurso até o trabalho ou escola, ajudam a movimentar o corpo e trazem benefícios à saúde.

6
A influência da fé, do pensamento positivo e do bom humor na saúde

22 *Coração alegre, bom remédio; um espírito abatido seca os ossos.* **(Pr 17,22)**

Não é de hoje que chamo a atenção dos meus amados para o quanto a fé, o pensamento positivo e o bom humor contribuem com a nossa saúde mental e física. Em meu último livro, *Philia*, dediquei um capítulo inteiro sobre os malefícios do pessimismo, mas volto a reforçar aqui o quanto um estado de espírito otimista e a confiança em Jesus mantêm nosso corpo trancado para as enfermidades.

Vários experimentos científicos demonstraram que a prática da oração diminui o estresse, estimula a corrente sanguínea e influencia até na longevidade. Orar é a melhor maneira de nos comunicarmos com Deus e receber Dele o sopro RUAH, que nos dá vitalidade e força para seguirmos em frente. Não tenho nenhuma dúvida de que a oração me ajudou a superar o processo de depressão no qual mergulhei e que esse poder curativo que ela tem pode ajudar também na recuperação de outras enfermidades. Um estudo feito com idosos mostrou que o aumento da espiritualidade, algo comum de acontecer com o avanço da idade, pode contribuir para a saúde e o bem-estar na velhice.

Assim como foi feito em relação às orações, diversas pesquisas mostraram que pensar positivamente e cultivar o bom humor geram motivação e disposição para encarar as dificuldades que encontramos em nosso dia a dia, o que acaba por reverter em mais saúde e qualidade de vida.

Todos conhecem o efeito que um sorriso pode causar quando é sincero e vem do fundo do coração. Ele abre portas, aproxima as pessoas, semeia amizades, deixa tudo mais leve. Os pesquisadores provaram que sorrir, além de ajudar na diminuição do esgotamento físico e mental cotidiano, ainda estimula a produção de hormônios que diminuem a dor e a pressão arterial. Por outro lado, doenças como câncer e outras que comprometem nossa imunidade podem estar relacionadas a estados de tristeza, pessimismo, desânimo, rancor e raiva. Outras pesquisas demonstraram que o bom humor na hora de encarar e enfrentar situações difíceis e delicadas pode aumentar a tolerância à dor, diminuir o medo, a ansiedade, o estresse e ser uma arma essencial na luta contra algumas doenças.

Então, para que a cara fechada? Por que a resposta rude? Para que a má vontade? Um simples sorriso faz milagres. Sorrir é a maior expressão do RUAH de Deus.

Pesquisas realizadas nos últimos anos comprovaram que o bom humor e o pensamento positivo só trazem benefícios para nossa saúde, chegando a promover o restabelecimento mais rápido das enfermidades e até acelerando a recuperação de intervenções cirúrgicas. Isso acontece porque esse "estar de bem com a vida" melhora nosso sistema imune, às vezes nos ajudando a sarar logo, às vezes colaborando com nosso corpo na prevenção de doenças.

Nunca me esqueci do testemunho de dona Eliana, uma senhora que veio falar comigo após um sermão no Santuário Mãe de Deus. Eu tinha acabado de pregar sobre a importância dos bons pensamentos em nossa vida e ela quis me mostrar que era um exemplo disso. Contou-me que havia quebrado o fêmur depois de levar um tombo dentro da própria casa. Foi internada e dividiu o quarto da enfermaria com outra mulher da mesma idade e que estava com o mesmo problema: também havia fraturado o fêmur. Enquanto ela procurava manter o bom humor e tratava as enfermeiras com cortesia, acreditando que Deus não ia desampará-la e que logo estaria recuperada, sua companheira de quarto só se queixava da vida. Reclamava de dores, falava mal das enfermeiras e até dos familiares que vinham visitá-la. Era a típica pessoa "pra baixo". Alguns dias depois, dona Eliana deixou o hospital, mas a outra continuou lá. Desenvolveu novos problemas de saúde, como infecção urinária e dificuldades respiratórias. Dona Eliana soube depois que, mesmo tendo alta, ela voltou a ser internada por mais três vezes.

Acho muito significativo esse depoimento. Pode ser que o pessimismo não tenha sido a única causa das complicações da paciente e da demora de sua recuperação, mas certamente contribuiu bastante.

Já está mais do que provado que o desenvolvimento de muitas doenças tem origem psicossomática. O que é isso? São doenças físicas que se originam de problemas psicológicos. É por isso que hoje os profissionais da saúde se preocupam com a manutenção do bem-estar emocional de seus pacientes. Quando você preenche sua mente com pensamentos positivos, automaticamente está afastando o pessimismo que pode prejudicar sua saúde.

Há coisa mais positiva do que pensar em Deus? Quando ocupamos nossa mente com maus pensamentos, não deixamos Deus agir em nosso favor. Impedimos que o RUAH divino nos guie e nos fortaleça. Maus pensamentos levam ao medo, às fobias, às doenças e ao desamparo.

Deus nos colocou no mundo para sermos felizes. Eu mereço ser feliz. Você merece ser feliz. Todos nós somos uma benção divina. Então, muito cuidado com o que você pensa, com o que você fala para si mesmo nos momentos de solidão. A negatividade destrói a esperança. Destrói a sua saúde. Destrói a sua vida.

Eu quero que você seja feliz. Apague as más experiências, esqueça o que ficou para trás, deixe que o Senhor cuide de sua mente. Lembre-se das palavras de Paulo aos Filipenses, no Novo Testamento: "**13** Tudo posso naquele que me conforta" **(Fl 4,13)**.

Você pode. Com Jesus.

Sugestão de cardápio saudável

1. Café da manhã

Sanduíche de ricota temperada

Ingredientes:
1 xícara (chá) de ricota amassada
½ xícara (chá) de iogurte desnatado
1 cenoura média ralada fino
1 ½ colher (sopa) de azeite
1 ½ colher (sopa) de orégano seco
½ colher (chá) de sal
cheiro-verde picado a gosto
pimenta-do-reino a gosto
2 fatias de pão integral

Modo de preparo:
Misture todos os ingredientes, exceto o pão. Recheie o sanduíche com 4 colheres da ricota temperada. Dica: você pode ajustar a textura da sua ricota acrescentando mais iogurte.

Sugestão:
Você pode tostar levemente as fatias de pão na torradeira ou em uma frigideira antes de fazer seu sanduíche. Consuma seu lanche com uma fruta ou um copo de suco natural.

Bolo integral de banana

Ingredientes:

½ xícara (chá) de iogurte
¼ xícara (chá) de óleo
3 ovos
1 xícara (chá) de açúcar
1 ½ xícara (chá) de farinha de trigo integral
1 colher (chá) de fermento químico em pó
3 bananas maduras amassadas
½ xícara (chá) de uva-passa (opcional)

Modo de preparo:

Preaqueça o forno a 205 °C. Unte uma assadeira de alumínio de 20 x 30 centímetros. Misture o iogurte, o óleo, os ovos e o açúcar. Junte a farinha e o fermento e misture até ficar homogêneo. Por fim, acrescente a banana amassada e as passas, misturando bem. Despeje na forma e leve ao forno por 40-50 minutos, ou faça o teste do palito (ele deve sair limpo quando inserido no centro do bolo).

2. Almoço

Frango grelhado

Ingredientes:
6 sobrecoxas de frango sem pele
sal e pimenta-do-reino a gosto
¼ xícara (chá) de suco de limão
2 colheres (sopa) de azeite
½ colher (chá) de tomilho seco
1 folha de louro
1 dente de alho picado

Modo de preparo:
Tempere o frango com sal e pimenta. Em uma tigela, misture o suco de limão, o azeite, o tomilho, a folha de louro e o alho. Adicione o frango, cubra com plástico filme e deixe na geladeira de 2 a 4 horas. Após esse período, aqueça uma grelha e doure as sobrecoxas por aproximadamente 35 minutos, virando-as na metade do tempo. Alternativamente, você pode assá-las em um refratário coberto com papel-alumínio, a 220 °C, por 45-60 minutos.

Sugestão:
Sirva com arroz ou macarrão integral e salada ou legumes grelhados.

Panqueca integral de ricota e espinafre

Ingredientes:
Massa
1 ½ xícara (chá) de leite
½ xícara (chá) de farinha de trigo
½ xícara (chá) de farinha de trigo integral
2 ovos
1 colher (chá) de sal
manteiga ou óleo de canola para untar

Recheio
1 maço de espinafre
1 dente de alho
500 g de ricota fresca
1 colher (sopa) de azeite
sal e pimenta-do-reino moída a gosto

Modo de Preparo:
Massa
Bata no liquidificador o leite, as farinhas, os ovos e o sal. Bata até a mistura ficar lisa. Deixe descansar por até 1 hora, em temperatura ambiente. Aqueça uma frigideira antiaderente, de fundo grosso, com cerca de 22 centímetros de diâmetro, e espalhe um pouco de manteiga ou de óleo. Espalhe porções de uma concha média de massa no fundo da frigideira e vire com o auxílio de uma espátula quando começarem a aparecer bolhas na superfície, até que ambos os lados estejam dourados. Transfira para um prato e repita até terminar a massa.

Recheio

Separe as folhas do espinafre dos talos. Descasque e pique fino o dente de alho. Reserve. Numa tigela grande, amasse a ricota com um garfo. Tempere com sal e pimenta-do-reino a gosto. Leve ao fogo médio uma frigideira antiaderente. Coloque as folhas do espinafre e refogue até que estejam macias. Esprema as folhas em uma peneira para retirar o excesso de água. Refogue o alho no azeite, retire do fogo e junte com as folhas de espinafre e a ricota amassada. Acerte o tempero e recheie as panquecas, utilizando cerca de duas colheres de sopa de recheio por disco de massa.

Sugestão:

Sirva com molho vermelho e com uma salada como acompanhamento.

3. Jantar

Peixe branco assado com legumes

Ingredientes:
4 filés de pescada branca com 150 g cada
sal e pimenta-do-reino a gosto
suco de 1 limão
4 cenouras
4 abobrinhas
1 cebola roxa
4 colheres (chá) de azeite
1 ramo de alecrim
cebolinha para decorar

Modo de preparo:
Preaqueça o forno a 180 °C e forre uma assadeira com papel-alumínio. Tempere os filés de peixe dos dois lados com sal, pimenta-do-reino e o suco de limão. Reserve. Corte as cenouras e as abobrinhas em metades e depois em tiras, no sentido do comprimento. Descasque a cebola roxa, corte na metade, e as metades em meias-luas bem finas. Disponha os legumes na assadeira e coloque os filés de peixe sobre eles, regue com o azeite e adicione o ramo de alecrim. Cubra com outra folha de papel-alumínio e feche bem nas laterais. Asse por 10 minutos. Decore com a cebolinha e sirva.

Sugestão:
Sirva com arroz integral e salada.

Sopa de lentilha

Ingredientes:
1 cebola média picada
1 dente de alho picado
2 colheres (sopa) de azeite
1 batata média descascada e picada
½ xícara (chá) de lentilha
3 xícaras (chá) de água
sal e pimenta-do-reino moída a gosto
½ colher (chá) de cominho

Modo de preparo:
Refogue a cebola e o alho no azeite. Quando dourar, junte a batata, a lentilha e a água. Tempere com sal, pimenta e o cominho. Deixe ferver e tampe. Cozinhe até que a lentilha e a batata estejam macias, cerca de 20 minutos. Sirva quente, com um fio de azeite.

Sugestão:
Sirva acompanhada de uma torrada de pão integral. Você também pode esperar esfriar e bater a sopa no liquidificador.

4. Lanches intermediários

- 1 pote de iogurte desnatado + 1 pera picada + 2 colheres de sopa de aveia
- *Milk-shake:* 1 xícara (chá) de leite desnatado + 1 banana picada congelada + 4 morangos congelados + 1 colher (sopa) de linhaça
- 1 torrada de pão integral + 1 colher (sopa) de requeijão + 1 maçã
- ½ mamão papaia + 2 colheres (sopa) de granola
- 1 fatia pequena de bolo simples sem recheio + 1 copo (200 ml) de suco de laranja

Oração de cura interior

Jesus, eu quero rezar pelos meus filhos e minhas filhas espirituais que leram este livro.

Eles querem emagrecer para ter uma vida mais saudável.

Tu sabes que muitas vezes eles comem por fuga, por estresse, por tristeza, por raiva e tantas outras causas.

Peço agora, Senhor Jesus, que ajas na raiz do problema deste meu filho, desta minha filha, e os cure completamente.

Que a partir de hoje eles possam controlar o que comem, que saibam escolher comidas saudáveis, que aprendam a mastigar e a saborear os alimentos, e que não comam mais por compulsão.

Que eles entendam que cuidar do corpo físico é a melhor maneira de honrar o RUAH, *o espírito divino que Deus lhes deu.*

Pelo Teu sangue poderoso, Senhor Jesus, liberte-os de toda gula. Dê a eles a força de vontade para praticar exercícios, mesmo que seja uma simples caminhada diária. Que eles encontrem a paz que o equilíbrio de corpo, alma e mente proporciona.

Com o poder sacerdotal que me deste, Jesus, eu quebro toda a corrente do mal que impeça o emagrecimento de que estes meus amados precisam. Que toda a preguiça, a falta de autoestima e o desamor por si mesmo sejam quebrados pelo sangue de Jesus!

Hoje nasce uma nova pessoa. Alguém que alcançará mais qualidade de vida e que, com sua autoestima recuperada, se sentirá um vencedor.

Que desça a benção sacerdotal sobre todo o ser desta pessoa. Sei que tudo pode ser mudado pela força da oração. Obrigado, Jesus!

Em nome do Pai, do Filho e do Espírito Santo.

Amém.

Este livro foi composto na fonte Chronicle Text e impresso em papel offset 90 g/m², na gráfica Donnelley.
São Paulo, maio de 2016.